言葉が人を「熱狂」させる

自分とチームを動かす“ひと言”の力

kohei toyofuku
豊福公平

きずな出版

「言葉」というものは、不思議です。

ときに私たちを奮い立たせてくれる起爆剤にもなれば、
ときに私たちを深く傷つける刃にもなります。

思えば、私の人生は言葉によって動かされてきたものでした。

大学を卒業し、九州でハイパーレスキューとして勤めていた時代には、先輩や同僚や、救助した人の言葉によって励まされ、過酷な現場で戦うことができました。

ハイパーレスキューを辞めて上京し、外資系生命保険会社の営業として勤めていた時代には、お客様の心ない言葉によって自信をなくし、落ち込むこともありました。

自分に投資することに没頭し、起業に向けて走りはじめた時代には、数々の師匠とも呼べる存在から、人生の指針になるような言葉をもらいました。

ペンシルベニア大学ウォートン・ビジネススクールの大人気授業の教授で、「交渉の神様」と呼ばれるスチュアート・ダイアモンドからは、人生が激変するほどの「言葉と交渉の関係」を教わりました。

私が「人生の師匠」として生涯尊敬する、アメリカ前大統領バラク・オバマのメンターとしても知られるジョン・C・マクスウェルからは、起業するにあたって多大な影響を受け、リーダーシップについての言葉をすべて教えてもらった、といっても過言ではありません。

外資系生命保険会社から独立し、会社経営をはじめてからも、仲間やチームメンバーから、たくさんの気づきや学びを、言葉によって教えられました。

「言葉によって動かされてきた自分」
「言葉によって動かされてきた人生」

そんな私だから、書けることがある。
そう思って、筆を執ります。

自分を奮い立たせる言葉を。
人を熱狂させる言葉を。
人生を変える言葉を。

Prologue

「言葉」で人は、熱狂しはじめる

「言葉」とは、おもしろいものです。

コミュニケーションに欠かせない、文明のベースともいえるツール。

これは単なる道具ではなく、私たちの感情を揺さぶったり、私たちの行動に大きな影響を与えたりします。何気なく発したひと言で、人はやる気が出たり、熱狂したり、やる気を失ったりします。

そして「言葉」は、数学のような唯一の正しい答えがあるとは限らないものでもあります。解釈の違い、表現の違いなどといったバリエーションが、無数に生み出されることになります。

今回、**「言葉が人を動かす」**をテーマに執筆しようと考えた私ですが、このことを突き詰めていったとき、正直にいうと悩みました。

正解がない「言葉」について、何を正解として書いていくのか……？

それでも、言葉が持つ絶大なパワーを実感し続けてきた私は、どうしても言葉の力をみなさんにもお伝えしたいという思いが、頭から離れませんでした。

実際に私は多くの言葉によって、自分を奮い立たせてきましたし、チームを熱狂させてきたのですから。

ちなみに手前味噌になりますが、私の会社のメンバーは業界でも有数の実力者が顔をそろえています。会社設立5年にして全国17支社、１１０名超の社員を抱えるまで成長できたのは、間違いなく言葉の効果によって、私を含め、メンバーみんなが熱狂しているからです。

そこで私は、

「正解はないけれど、私の体験した言葉を書こう。それをヒントにして応用していただければ、読者の立場などに見合った正解も導けるようになるのではないか」という結論にいたりました。

ですから本書は、言葉選びや言葉遣いに関するハウツー本ではありません。「この言葉を使っていれば絶対にうまくいく」などという無敵で魔法の言葉は、この世に存在しないからです。

それでも正解に近い、正解に近づける「言葉」は存在しています。

それは簡単に表現すれば、**「ポジティブワード」**です。

気持ちをポジティブにさせてくれる言葉、雰囲気を明るく変えてくれる言葉。そういった単語やいい回しです。

一方で言葉には、間違いだけは確実に存在します。

それは**「ネガティブワード」**です。

使用頻度をほぼゼロにしたい、できれば耳からも目からも自分のなかに入ってきてほしくない言葉です。この言葉が存在するだけで、気分は暗く沈んでしまい、その場の雰囲気もどんよりしてしまうからです。

本書は、私自身の現在進行形の体験を交えながら、このような言葉の種類に着目しつつ、どのようなシチュエーションでどのような言葉を選ぶと、人は熱狂にいたるのかというプロセスを解説していきます。

これは人を動かす「キラーワード」とのつき合い方ともいえると思います。

私が会社経営者であるという立場上、チームをもっている人や、部下を奮い立たせたいという人に向けての言及が多くなっていますが、もちろんそういう立場ではない読者にも役立てていただける内容になっているはずです。

第1章では、私が実際に「動かされてきた」言葉について。

第2章では、チームを動かすためのビジョン・ゴールに関連する言葉について。

第3章では、成長の過程で避けて通れない「批判」について。
第4章では、熱狂を浸透させる言葉について。
第5章では、リーダーとしての心構えと言葉について。
第6章では、部下を熱狂させるための仕組みと言葉について。
第7章では、チームの熱狂を習慣化する「励まし」「激励」について。

以上の7章構成で、それぞれ書いていきたいと思います。
では早速、本編に入りましょう。

自分を奮い立たせる言葉を。
人を熱狂させる言葉を。
人生を変える言葉を。

Chapter 3

戦う——正面からぶつかることを恐れない

Chapter 4 影響力 ——マインドを浸透させる

Chapter

5

リーダーシップ——先頭に立ち戦い続けよ

Chapter 7

励まし——チームが高め合える仕組みをつくる

ブックデザイン　池上幸一
協力　烏丸千

言葉が人を「熱狂」させる

――自分とチームを動かす〝ひと言〟の力

Chapter 1

熱狂

enthusiasm

チームは言葉で動き出す

まずはチームよりも、
自分を動かすための
「言葉」を

自分も人生も「言葉」で動かされている

ハイパーレスキュー隊員として働いていた時代のことです。

ある家族を火事の現場から救い出しました。大きなけが人などもなく、家族は全員無事だったのですが、残念ながら家屋は全焼でした。

その家族のお子さんがさびしそうに呟《つぶや》いたひと言が、私はいまでも忘れられません。


「家、なくなっちゃったね……」


この言葉が、その後の私の人生を変えます。

これを聞いた瞬間に、

「目の前で直接救える人は限られている。もっと多くの人を救いたい」

と、心の底から感じ、保険の世界を知りました。

転職を決め、単身上京し、大手外資系保険会社の営業マンになります。

福岡から、ほとんど知り合いがいない東京に乗り込み、意気揚々と営業マンとしてのスタートを切った私ですが、ほどなくして、仕事上のスキル面やメンタル面で大きな壁にぶつかります。

「このままでいいのかどうか……」と悩みに悩む日々を送っていたのですが、ふとしたきっかけから私のメンターとなってくれる存在を知り、その出会いによって人生が大幅に軌道修正されて、自分の会社を立ち上げることにもなりました。

ハイパーレスキューとも営業職とも、表面的にはまったく異なる人生へと足を踏み入れた私ですが、**振り返ってみると、そういったターニングポイントや、人生に訪れたふとしたチャンス、あるいは数多くの出会いのなかで、いろいろな「言葉」に支えられたり、勇気づけられたり、考えさせられたりしてきたと感じています。**

私の人生は「言葉によって動かされてきた人生」だった、ともいえます。

そこでこの章ではまず、私自身が「動かされた」と感じた言葉を、いくつか紹介したいと思います。私が経験してきた「言葉」の効力を、個人の置かれた状況に合わせて応用していくと、それは自分や個人だけではなく〝チームを動かす〟ものにもできると思うからです。

最初は拙著『ジョン・C・マクスウェル式　感情で人を動かす』（きずな出版）でも触れたエピソードです。

新米のハイパーレスキュー隊員だった当時の私は、炊事当番のときに先輩から叱られました。炊飯器の内釜に、わずかばかりの汚れが残っていたためでした。

パッと見では気づかないほどの汚れ。日常生活であれば、たとえ気づいたとしても放置したかもしれないほどのわずかな汚れです。それを見咎《みとが》められました。

「見てみろ。わずかに米のあとが残っている！」

こうして活字にしてみると、何の変哲もない言葉です。

当時の私にとってもそうでした。瞬間的に思ったのは、「この先輩、えらくこまかいな」というような、ある種の呆れでもあったはずです。

しかし、ハイパーレスキュー隊員というのは、瞬間的な判断力を要求され、迅速な行動を求められる仕事です。

一瞬の判断ミスや些細な見落としが、死を招くのです。

そこで先輩は、日常的に些細なことでも気づく、直すべきことであればすぐに直す、というような隊員として持っておきたい心構えを、いたらない洗い方をしていた内釜を通して示してくれていたのです。

当時は隊員としての心得としてしか感じませんでしたが、いまとなっては仕事の上でもこの言葉が活きています。

この言葉の影響によって、刻一刻と状況が変化するいまのビジネスの現場において、一瞬の判断を適当にするということがなくなったからです。

まさに、いまの私を動かす指針となった言葉のひとつでした。

自分を動かしてくれる「言葉」は、いたるところにある

自分の仕事に疑問を感じていた営業マン時代の私は、「交渉の神様」スチュアート・ダイアモンドから直接学ぶチャンスを得て、彼の言葉から多大な影響を受けました。

「本当の交渉は相手に勝つことではない」

これは自分の営業としての価値観を180度変えてしまうほどのショッキングなものでした。私はダイアモンドの交渉術に触れ、その奥深き世界に魅了されて、営業のスタイルを一新したほどです。

その結果、社内でもトップクラスの成績を残し続けることができ、その経験を踏ま

えて自分の会社を立ち上げようという考えにいたっています。

彼と交わした会話の数々は、いまでも私を支える大きな財産として生きています。ダイアモンドの「言葉」は、私を動かし続ける存在になっているのです。

自分を動かす言葉を発掘せよ

「リーダーのリーダー」と呼ばれ、数多くの著名人をクライアントに抱える「メンターの中のメンター」でもあるリーダーシップ論の権威、ジョン・C・マクスウェル。

押しかけ弟子のように彼のもとへと足を運んだ私は、彼との会話からも、

「自分が何を望んでいるのかを知ること」

という金言を頂戴しています。

この言葉によって、私は人生のミッションを見つけ、起業をしたのです。

ほかにも数えたらきりがないほどの言葉をもらっていますが、そのすべてが私を動かすエネルギーでした。

そう考えると、自分を動かしてくれる「言葉」というものは、案外とさまざまなところに顔をのぞかせているものだと理解できます。

それらの言葉を自分なりに消化してアレンジして、個人を動かす言葉から、チームを動かす言葉へとつくり変える。

そうやって私は言葉というものを有意義に活用し、自分で立ち上げた会社においても、それを実践するように努めています。

マニュアルも正解もない「言葉」の世界

チームを動かす「言葉」をつくるために

私は会社を立ち上げたときも、いま現在も、私のチームとして活動してくれる、あるいはそうなろうと考えてくれているメンバーに対して、

「みんなと一緒に実現させたいんだ！」

ということを、ありったけの熱を込めて宣言するようにしています。

実現させたいのは、自分が抱いている夢であり、設定している目標です。

端的にいえば、「成功」ということになります。

その成功を、ひとりだけで成し得るステージから、さらにステップアップしたステ

ージへと引き上げたい……素晴らしい仲間とともに、素晴らしい時間を共有したい。

そんな思いを持っているからです。

そういう私の胸の内を知ってほしいし、できれば同じ気持ちになってほしいとも願っています。

チームメンバーのことが頭にあって発せられる言葉。

それは表現や選ばれた語句がどのようなものであれ、結果的にチームを動かすエネルギーになるのではないかと思います。

そのため、チームを動かしたいと思って言葉を考えるなら、何よりもまず相手のことを思う気持ちが大切なのです。

とくにこれからチームに加わろうという人に対しては、心底から私の思いを受け止めてほしいし、それが本気だということも信じてほしいので、自然と力も入ります。

私は自分の夢や目標が成し遂げられたとき、それを自分の努力や才能だけで実現させることができたと思うことはありません。

成功できたのは、必ずチームや外部のサポートがあったからこそと思っていますし、事実そのとおりではないでしょうか。
だからこそ、自分を動かす以上に、チームを動かすことが重要だと認識しています。
そして、それを可能にするツールとして大きな存在感を放っているものが「言葉」だとも考えています。

「楽しんでください」が、もたらしたもの

気恥ずかしい気もしますが、私の会社に在籍するチームの一員に、その実例を挙げてもらうことにします。

じつは私自身にそのつもりがなくても、相手は違った受け止め方をしていたりして、つくづく「言葉」は奥深いものだ、と感心させられもしました。

私が講師をするセミナーが縁で、私の会社へと移ってきた森本貴子さん。

彼女は、私が口ぐせのように発していた、

「楽しんでください」

という「言葉」が、心に響いたそうです。

私には深い考えがなく、ただ素直に思っていることを口にしただけなのですが、彼女は異なる受け止め方をしました。

自由な気風に憧れがあって、学生時代をアメリカで過ごした彼女。帰国後に就職したものの、いわゆる昔ながらの日本的な企業風土に馴染めなかったとのこと。

そこで、退職してアメリカで長く働いていた時期がありました。そんな彼女の仕事観と私が発する言葉の波長が合致していると彼女は感じたそうです。

彼女は、「スタートとゴールがあっても、途中の展開は読めないというカーレースのように、自力で全部をコントロールできるわけではないことが好き」という、チャレンジ精神旺盛な性格でもあります。

だから私が語る夢にも、「おもしろそうだし、実現できたらすごい。だからチャレンジしよう！」というモチベーションを奮い立たせることができるといいます。

彼女の言葉に接して私は、自分自身で意味を深く考えていたわけではない「楽しんでください」という言葉に、あらためて大きな価値を見出すこともできたのです。

彼女は私の「言葉」で動き出し、私も彼女の「言葉」で動いた。

こういう言葉のキャッチボールも、チームを動かすのです。

必要とされる「言葉」の形は千差万別である

ひと口に「言葉」と書いても、その内容は多種多様です。

多くの場合で連想されるのは、歴史上の偉人や偉業を成し遂げた有名人たちの名言や、古代から伝わる哲学。それから、ことわざや格言などといった内容かもしれません。この種類の「言葉」は、翻訳上のちょっとした違いはあるにせよ、いつどこで触れても同じ語句で、同じような意味で示されます。

こうした、活字によって内容が寸分違わず伝えられる言葉もあれば、口頭で伝承される言葉もあります。

こちらも語句や内容が同じように伝えられていくという点では同じ種類でしょう。定型ということでいえば、時候のあいさつやビジネス文書の書き方といったようなものも、ほとんどが水戸黄門の印籠のように決まりきったもので、使う言葉にちょっとした違いがあるにせよ、中身は同じです。印籠を悪代官に見せるのか悪徳商人に見せるのかといったこまかい違いはあっても、勧善懲悪《かんぜんちょうあく》のストーリーそのものにブレはありません。

逆に、そうした「言葉」とは違い、定型文のようになっていないものもあります。

本書で例示するほとんどの「言葉」は、この定型文ではない「言葉」です。

「言葉」をテーマにした本なのに、決まった「言葉」の形がない？

不思議に思われるかもしれませんが、定型化されたマニュアル的な言葉をいくら数多く紹介しても、読者のあなたにとって有益にはなりません。

私が人生のなかで耳にしたり口にしたりした言葉は、あくまでも当時の私の置かれた環境や立場にフィットしていた「言葉」です。

その境遇がそのまま、現在の読者のあなたと同一であるはずがありません。

だから、「私の場合はこうでした」という例示は可能でも、「それを丸パクリして使ってください」などとは、口が裂けてもいえません。

正解がないからこそ奥が深い「言葉」という存在

本書のように活字化されたものも「言葉」ですし、活字化されていない私と彼女の会話も「言葉」です。

文語体と口語体があるように、同じ言葉でも表現のされ方に違いが出てくることは往々にしてあります。政治の世界でよく使われる玉虫色の言葉など、同じ言葉でありながら、受け手によって意味が異なってくるものもあります。

多様性がある言葉に、数学的な正解はあり得ません。

たとえば、TPOを無視するとすれば、「私」のことを「オレ」と表現しても「わたくし」と称しても間違いではありませんし、「拙者」や「おいら」でも正解なのです。

これと同じように、私が体験上で接してきた言葉だけが完全ではありませんし、唯一の正解であるともいい切れません。

先ほど見てきた、「楽しんでください」という言葉に、発した本人とは違う意味を感じ取った森本さんの例は、いい証拠といえるでしょう。

補足すると、私の言葉を森本さんは、「レッツ・エンジョイ」として受け取りました。この言葉はアメリカ時代、とにかくリラックスして仕事に向き合おうという状況のときに、好んで交わされた言葉だそうです。

その言葉が潤滑油のように作用して、チームのモチベーションは高まり、一層高い

意識でプロジェクトを推進できたという経験が森本さんにはありました。

そこで同じような意味の言葉を発する私とでも、当時の経験をリピートできそうだ、と感じたということです。

また、言葉というのは活字化されたものや発言だけを指すものでもありません。言葉のなかには、自分の心の内に思っていることなども含まれます。

誰にも伝えていないけど、心に強く秘めた夢も言葉でしょうし、感じていることを頭で言語に置き換えれば、それも言葉です。

自分やチームにとって効果的な「言葉」を探せ

そして、このようなキラーコンテンツならぬ「キラーワード」は、誰にでもひとつはあるはずです。

この言葉を聴くと奮起できるとか、この言葉をかけてもらえると気持ちが引き締まるとか、モチベーションをアップさせるために心で繰り返し唱えるフレーズ……そういった言葉です。

どの言葉がキラーワードなのかという正解はありませんから、それを見つけたりつくり出したりするために、私の体験で得た言葉を紹介する。そういったテイストで、この先も書き進めていこうと思います。

また、本書でいう「チーム」とは、プロジェクト推進チームや野球チーム、会社組織といった表現で示されるような「団体」としての意味だけを指していません。

あなたが営業マンであれば、成約を得ようとしている相手との関係性も「チーム」といえるでしょうし、クライアントと共同で何かのイベントを立ち上げるとすれば、その関係もまた「チーム」でしょう。

個人が何人か集まってできたものだけが「チーム」ではなく、「ウィンウィンの関係を築いていこう」と考える個人や団体が手を結ぶことが、本書で示す「チーム」です。

チームを動かす言葉は、ポジティブであれ

そのチームを動かす言葉として、最初に覚えておきたいのが「ポジティブ」です。もっとシンプルに書けば、それは「否定しない」ということで、「ノー」ではなく、「イエス」を選ぶという姿勢です。

これはジョン・C・マクスウェルの教えにもあったことで、私はいつも、「迷ったらイエスを選ぶ」ようにしています。

迷いがあると、誰でも次のステップに行くことをためらいます。行動に歯止めをかけてしまいます。行動だけではなく、思考もネガティブになります。

迷っているのは、「できるかもしれないけど、できないかもしれない」と思っているからです。

しかも、「できないかもしれない」のほうに、より強い比重がかかっているからです。

だから私は、「できるかもしれない」だけを考えるようにして、周囲に伝える場合にも、その実現不可能性より実現可能性を信じてほしいと思って伝えます。

そして、相手の心が私と同じように、「できるかもしれない」のほうに大きくシフトすれば、その時点で「言葉によってチームが動いた」ことになるのです。

世界一のメンターの、おどろくべき言葉

かつて、マクスウェルとの食事の席で会話をしていたときのことです。

私は興味本位で次のような質問をしたことがあります。

マクスウェルをメンターと仰ぐ著名人のひとりに、バラク・オバマ前アメリカ大統領がいます。そのオバマと会話するとき、何を話しているのかに興味が湧いた私は、

ストレートに、

「オバマさんと会ったときは、どんな話をしているのですか？」

と訊いたのです。

返ってきた回答は意外で、衝撃的でした。

「会話の最初に、『あなたが大統領になって、アメリカ国民は本当によかったのですか？』と質問する」

この答えには衝撃を受けました。

超大国アメリカをひとつのチームと見なせば、私は、

「自分が社長で、自分の会社で働く社員は本当によかったのか？」

と自問する機会を得られることになります。

チームを動かすためにメンバーに投げかける言葉よりも、まずはそのチームを動かす自分を行動させるための言葉の存在を、このときに思い知らされたのです。

だから私は、日常的にさまざまな自問自答を繰り返します。

そして、自分の思考をポジティブに保つよう心掛け、それを周囲に伝達するように努めています。

そう考えると、チームを動かす言葉というのは、ポジティブに動いた自分が生み出せるものだということもできるでしょう。

Chapter 2

ビジョン

vision

ゴールへの道程を示す

チームを動かすために、言葉の土台をつくれ

言葉は「聴くこと」から生まれる

「言葉」というのは、何の考えもなしに生み出されるものではありません。何かしらの伝えたい、感じ取りたいなどという意図があってはじめて、言葉というものは発せられます。

そこで、言葉を生み出したり発したりする前の準備にも、思いをいたらせることが重要となります。

私は、言葉を生み出すベースは「聴くこと」にあると考えています。

これは私が学んできた交渉術の基本とも通ずる部分なのですが、相手の心をつかむために、相手についての情報をできる限り事前に収集する、というポイントが重要です。

その情報収集のもっとも簡単な手法は、相手と会話することです。

メールや手紙などでも構いませんが、その場で相手の表情や口調などからも情報を得られるので、私は面会して会話するほうが効率的だと思っています。

その会話をするにあたって心がけたいのが、聴くことなのです。

「聞く」と「聴く」とは大違いで、私は以前に、「聴という漢字は耳+目と心から成り立っている」と教わったことがあります。まさしくいい得て妙で、耳から入ってくる相手の発言と、目に見える相手の仕草や表情、それを通じて相手の心の内も何となく透けて見えてくる。**聞き流すのではなく傾聴するということです。**

そういった仕組みを意識して会話に臨《のぞ》むと、ただ「会話しているだけ」とは違って、さまざまなこまかい情報まで得ることができます。

たとえば、

「趣味は何ですか?」

「釣りです」

という会話。活字だけで見れば、相手は釣りが好きなんだな、という表面的な情報しか得られません。「聞く」という態度で会話していた場合も、同じようなレベルでしか情報を得られないと思います。

ところが「聴く」姿勢で臨んでいれば、表情や態度から釣りがどのくらい好きなのか、仕草などから海釣りと渓流釣りのどちらが好みなのか、といったようなサブ情報を得られる確率が断然高まります。

その場にいるから会話も続けやすく、

「釣った魚を自分で料理するのが好き」

「船で沖合に出て釣るのが好き」

などというような、より込み入った情報を得られやすくなるでしょう。

聞き流していれば、質問したいこともなかなか出てきません。しかし「聴く」であれば、相手の返答に即応して次の質問を用意することもできます。そうして先ほど例示したような、より相手の懐に飛び込んだ情報を入手できるのです。

ここまでの説明でピンときた読者もいると思います。

より適切で、より相手との距離が縮まる会話。それに必要な言葉は「聴く」ことに

よって、効率的に頭に浮かび上がってくるのです。

言葉を生み出す準備として「聞く」ではなく、「聴く」が大事。このことが、おわかりいただけたでしょうか。

「言葉」を生み出すメカニズムは交渉術に通じる

「聴く」によって言葉をつくり出せるというのは、拙著『すごい交渉術』（SBクリエイティブ）でも紹介した、「交渉の5ステップ」に深く関係してきます。

ちなみに交渉の5ステップとは、

①「目標と問題を確認する」
②「準備の実行」
③「交渉の現場」

④「アプローチとアイデア出しの実行」
⑤「確約とフォローアップ」

以上の5つのステップを意識して交渉することで、劇的に結果が変わると説いたものです。

1ステップ目に挙げた、「目標と問題を確認する」というのは、「聴く」ことによって相手の考えていることや思いなどを確認することに通じます。

たとえば、チームメンバーとの会話で、

「私は会社全体の営業力をアップさせるプログラムをつくりたい」

という提案をされたとします。

「ああ、いいんじゃないかな。やってみてよ」

二つ返事で任せてしまうことは簡単です。

しかし、「聴く」という態度でいれば、

「彼がなぜ、そのようなプログラムを必要だと思ったのか」

「ピンポイントで営業力にターゲットを絞っている理由は何なのか」

そういった言葉が自分のなかに湧き上がり、より踏み込んだ質問ができるようになるでしょう。

その結果、

「ライバル社が有力な新商品を前面に押し出してくる、という情報を得たからです」

というような新情報があれば、

「ライバル社に負けない新商品を、開発部に提案してみようか」

などといった、さらにすそ野を広げた展開も生まれます。

二つ返事のときは自分と相手とで完結していた会話が、「聴く」ことによって社内全体を巻き込む「チーム」を見渡した会話になるのです。

交渉の2ステップ目に挙げた、「準備の実行」は、相手との会話をさらに有効にするために「聴く」を活用することに通じます。

先の例え話に続ければ、

「営業力強化のためにマニュアルを見直そう！」

「新商品開発のためのマーケティングを徹底させよう！」

「ライバル社の新商品について情報を集めよう！」

などといった機運が生まれることでしょう。

最初に会話した2人だけではない、会社というチーム全体を熱狂させる言葉が、次々と生み出されていくのです。


交渉の5ステップにおいて、とくにここで挙げた①と②のステップが、言葉を生み出すためのメカニズムに直結しているわけです。

ちなみに3ステップ目以降についても言及すると、3ステップ目に挙げた、「交渉の現場」というのは、いままさに自分が相手と交わしている会話の現場といえます。

そして4ステップ目の、「アプローチとアイデア出しの実行」というのは、相手へ次に投げかける言葉を用意して会話を弾ませる、ということに通じることが理解いただけるでしょう。

最終ステップの、「確約とフォローアップ」というのは、会話が自分の想定かそれ以上に弾んで、相手との距離が縮まって信頼関係を築けた、というような、「言葉」を駆使した結果に得られる収穫ともいえると思います。

言葉づくりに重要な目標設定

交渉は常に、言葉を介しておこなわれます。

そしてそれは、別にビジネス交渉などではなくても、家族や友人との雑談や日常会話などでもそうです。言葉を用いていますから、交渉術と密接に関係しているものだともいえます。

交渉は「目標の設定」「目標を達成する」ということが重要です。

一方でチームを動かすには、**「共有された目標の設定」「一丸となって目標を達成す**

る」ということが重要です。

じつは本書のひとつのテーマである「言葉でチーム力をアップさせる」というのは、交渉術と表裏一体ともいえるほど、深い関係にあるのです。

考えてみれば、メンバーのモチベーションをアップさせる、メンバーが一丸となれる雰囲気をつくる、などというのは、メンバーと交渉するという側面もありますから、当然といえば当然です。

そのため、チームを熱狂させるには、「ゴールを明確に提示する」ということも欠かせない要素です。

ビジネス交渉の現場で「目標」とされるのは、「成約を得る」「取引を成立させる」などです。言葉を換えれば、自分が思っていることを実現するということです。

この「実現したいこと」を、たとえば、「チームが一丸となる」というような内容にすれば、それはそのまま、本書で私が示したい言葉の重要性を理解するということにも、つながっていくのです。

チームが目指すべきビジョンは、明確な「言葉」で示せ

個人で立てた目標を、チームの目標に転換する

会社を立ち上げようというとき、社長やオーナーとなる人物は、その会社によって何をしたいのかという夢や目標を持っています。

業種や業態などで思いはさまざまだと思いますが、目指すべき到達点やゴールは設定されているはずです。**そして、社長やオーナー個人の思いを社員全員で共有しようというとき、それは「言葉」によって伝え広められます。**

これが「会社の理念」や「創業の精神」などと呼ばれるものです。

これを社内にくまなく徹底させるための方策もさまざまです。

たとえば、日本一のコンビニチェーンであるセブン-イレブン。

勇退された鈴木敏文さんは、自身が掲げる理念を徹底させるため、現場を回って店

舗への指導などを担当する全国の社員を、週に一度同じ場所に集めて、訓示をしていました。遠方だと泊まりの出張になる社員もいて、その開催にかかる旅費交通費は莫大でしたが、会社というチームが一丸となるために欠かせないコストだと考えて、継続していました。**その結果、全国的に均質なサービスを提供できるコンビニチェーンという存在を維持することに成功しています。**

この全国集会は同じ「一丸」でも、トップの意向を末端に行き渡らせるという一方通行のものです。組織が巨大だったから、一人ひとりと面談する時間もつくれるはずはありませんし、この手法は有効だったと思います。

目標を共有できる仲間をつくる

しかし本来なら、チーム一丸となって同じ方向に突き進むためには、双方向性の意思疎通が重要だと思います。

それが、より小規模な組織であれば、なおさらです。

チームが一丸となるためには、チーム内で情報も思いも共有されていることが欠かせません。

私の会社に、金融系で長くキャリアを積み上げて転職してきた西出滋さんという男性がいます。証券事業に進出したかった私には、彼の手腕と知識が必要でした。

そしてヘッドハンティングするのですが、そのときにかけた言葉は、

「証券事業で日本一になりたい」

でした。

私は何をするのにも「ナンバーワン」を目標としてスタートするので、自分にとってはありふれた言葉です。

しかし西出さんは、この「日本一」に心を惹かれたそうです。

単純に、「証券事業に進出したいから、手を貸してほしい」と誘われていたら、断っていたといいます。

彼は、個人だけで何かをするには限界があると考えていた時期でもあったそうで、「チームとして何かできないか」と思案していたのだそうです。

そのタイミングで「日本一」という、数字で示せるゴールを目標に掲げて誘ってきたから、おもしろそうだと心が動いたとのこと。

そんな西出さんの思いと私が発した言葉が絶妙にリンクして、チームとして始動しようということになったのでした。

目標への意識を高めるために

目的意識をさらに一致させるために必要なのは、対話です。

これは単に言葉を交わすだけではなく、お互いがお互いに「聴く」ことを通じて建設的に言葉を交わし合うという行動です。

お互いが考えていることや求めていることを汲み取りながら、相手の意に添うように自分の意見を織り交ぜていく。

こうしたコミュニケーションを継続していれば、みんなが同じ情報を手に入れ、みんなが同じような思いを胸に秘めることができるようになっていきます。

こうして情報や思いを共有できていれば、目標にもブレが生じるリスクがなくなります。

そして、活字にすれば漠然とした表現であっても、その内容について正確に全員が理解している、という状況をつくり出せるようになります。

会社としての夢を例に見てみましょう。

「世界一の技術を世に送り出したい」という目標が掲げられたとします。

社長の思いをよく理解していない新入社員などは、「とにかく世界一を目指そう」「みんなが驚くような新技術を考えよう」などと思うでしょう。

これは、じつは表面的に目標を共有しているようで、みんなバラバラの方向を見ている、という状態です。これでは一丸とはいえません。

そのため、共有される言葉は、より具体的でなければいけません。

先のような目標を設定していたとしても、全社員が、

「いまある会社の技術を応用して、性能を格段に高め、世界一の水準を誇る技術に進化させて世に送り出す」

という思いで一致していたらどうでしょう。

開発に時間がかかりそうな未知の分野に手を出すことはしないはずですし、これが自動車メーカーなら燃費性能向上に人手を割くのか、メンテナンスコスト削減に尽力するのかなどといったテーマも絞られてくると思います。

そういった共有がなければ、同じ自動車で、「こっちの部署では燃費を研究している」「こっちは組み立てに要する部品の点数を減らす努力をしている」という食い違

いが生じてしまいます。

目標を共有するための「コンセプト」を設計せよ

ですから、チーム一丸をつくり出す言葉は、「コンセプト」だと表現できます。コンセプトが明確なら、表現から生じる解釈の幅も狭まります。

先に登場してもらった金融一筋の西出さんとも、最初はアバウトに、「日本一」という同じ夢を共有するだけでした。しかし対話を重ねていくうちに、相手が何を考えているのか、お互いに何となくわかるようになりました。

すると不思議なことに、共有しつつもアバウトだった夢の方向性が、だんだんと同じ向きを見るようになっていきます。

表現は違っていても最終的に、「日本一の証券事業」を目指すことが目標だったことがお互いに理解できたのです。

その結果、それぞれの立場や自分にできることで、その夢をできるだけ早く実現しようというように、ギアも一段上がり、モチベーションも高くなりました。

もちろん完全一致とまではいかないでしょうが、少なくとも方向性に大きな食い違いが生じなくなっていることは確かです。

私は西出さんに声をかけた判断が間違っていなかったと確信していますし、私とチームを組んでくれた彼の決断にも感謝しています。

コンセプトに使う「言葉」は具体的にする

コンセプトは、できるだけ具体的なイメージがしやすい言葉を用いるほうが、思いを共有するのに好都合です。トップを取るのが目標ならば、「日本一」というように、数字を取り込んだ表現を使うのもひとつの手です。

同じ数字を使うのでも、

「シェア9割を突破する」

「1年以内に実現する」

というように、目標の数値やタイムリミットを設定する表現もあるでしょう。

「世間がアッと驚く新技術」というよりも、

「いままでにないレベルの低コスト」

「従来の発想にないセキュリティシステム」

などというようにテーマが絞られているなどして、方向性がより明確にされた表現を用いるほうが好ましいでしょう。

こうして具体的に掘り下げていく段階で、メンバーとの対話を積み重ねるのです。すると、「自分も参加している」という意識も強まりますから、夢を考え出す姿勢も積極的になりますし、夢の実現に向けてモチベーションも高まるはずです。

そのゴールに、
メンバーは
納得しているか？

チームが一丸となるゴールとは

メンバーみんなで考え抜いたゴール。

できれば実現したときに、メンバーみんなの充実感がクライマックスに達してほしいものです。

そのためには、設定したゴールが〝理に適《かな》っている〟必要があります。

そしてゴールが理に適っているかどうかは、次のことを各自で自問自答すれば簡単に判断できます。

それは、「ゴールに対して納得の度合いが高いかどうか」です。

いろいろと考えて論理的にゴールを導き出しているのですから、なぜ目指すのか、何を目指すのかといったことに、設定後は議論の余地がないはずです。

全員がその状態にあれば、チームとして納得しているということでしょう。

しかし、誰かが「理由がイマイチしっくりこない」とか「方法論がちょっと自分とは相容れない」などと感じていたとしたら、チームとしての納得が得られていないということになります。

では、チームとしての納得を得るためには、何が求められるのでしょうか。

それは、設定する途中や設定が終わった瞬間に、

「ここは自分のアイデアが採用された」

という、自分自身による気づきの要素がゴールに含まれているかどうかです。

そして、ほかのメンバーによる発案に対しても、「なるほど！」と自分なりの解釈や理解が成立している状態も欠かせません。

その状態をつくり上げるために、メンバー同士の対話を繰り返すことが重要とされるのです。

ビジネスでのゴールはこうつくれ

会社としての目標や経営理念といったものは、そのビジネスで目指すべきゴールです。そして、ビジネス上のゴールをどのように決めるのか、といったことも、よくよく考えなければならないテーマです。

社長やオーナーの独善的な考えだけでは社員がついてきませんし、あまりにも漠然とし過ぎていると、社員が目標達成できたときのビジョンをイメージできないため、行動のベクトルがバラバラになったりして、効率が著しく落ちてしまいます。

しかし、最初から極めて具体性がある目標を設定するというのも、現実的ではありません。

さて、どのように設定すべきでしょうか？

ビジネスで実現させたい目標は、多くの場合で、お金にまつわることだと思います。**そこで最終的に目指したい理念はひとまず脇に置き、「成功」をキーワードにゴールを設定してみてはいかがでしょうか。**

すると、私の口ぐせでもある「日本一」のような具体的にイメージしやすい言葉が、何かしら頭に浮かぶと思います。

それをベースに、

「何を使って目指すのか？」

という具合に自問自答し、ゴールの範囲をより狭めていくのです。

この自問自答というのは、自分だけでする行動ではありません。

対話を使って、チームとして自問自答するのです。

すると、メンバーが思い描いているゴールの具体像がいろいろと理解できるようになってきます。そのなかで取捨選択をするなどして、メンバーが一致して実現を目指そうと考えるゴールが明確になります。また、「成功」の中身がメンバーでブラッシュアップされ、よりシンプルで濃密な「成功」のイメージが形成されることでしょう。

プライベートでのゴールはこうつくれ

ゴールというのは、ビジネスにだけ存在するものではありません。

個人としての、プライベートな夢を追い求めるというのも自然な発想です。

そしてプライベートのゴールもまた、自己完結するものだけに限りません。

趣味の仲間や家族など、ビジネスを離れたプライベート空間でもチームはいたるところに存在します。

たとえばあなたが、どこかのテニスクラブに所属していれば、「地域のトーナメントに出場しよう」「団体戦で優勝しよう」という目標があるでしょう。

また、家族というのもチームの一種です。

「家族全員で年に1度は海外旅行しよう」「5年以内にマイホームを購入しよう」などという夢は、家族というチームで実現させようとしているゴールといえます。

旅行やマイホーム購入を実現させるために、一生懸命働いたり資産を殖やしたり、家計をやり繰りするなどという努力を、家族お互いが持っているスキルなどを活用して上手に分担しながら進めていくと思います。

こういったプライベートでのゴールを設定するとき、私が基本として考えているキーワードは「幸せ」です。

テニスクラブメンバーの努力が報われて出場機会に恵まれる、優勝する。

家族の思いが結実して旅行に行ける、マイホームに入居する。

こういったゴールにたどり着けば、誰もが充実感とともに、「ああ、幸せだ」と思うことでしょう。

「幸せ」と感じられる瞬間を、みんなでその感覚を共有できる瞬間をつくり出すこと。

それを念頭にプライベートでのゴールを設定するのです。

Chapter 3

戦う

fight

正面からぶつかることを恐れない

批判？　ＯＫだ

意味を知らずに「批判」を怖がっていないか？

「批判」という単語に対して、あなたはどのようなイメージを抱いていますか？

ほとんどの人は、あまりよくないイメージを持っていると思います。

できればこの単語に出会うシーンは避けたい、誰からも批判されたくないと思っているでしょう。

批判という単語をさまざまな辞書で調べてみると、

「物事の適否を判断すること」

「欠点を指摘して、それを正すべきものとして論じること」

「行為や作品の価値を判定すること」

などという意味があるとわかります。

自分自身に対して、「ダメ出しされている」という感覚に陥るから、批判されたくないと考えている人も多いのではないかと思います。

しかし、これは「批判」と「非難」が混同されているようにも思えます。

「批判」によって、あなたの欠点を指摘されることは、たしかに「ダメ出し」なのかもしれません。しかし、それは「欠点を直せばよくなるよ」というアドバイスでもあります。

つまり「批判」されるというのは、自分に対して建設的な意見をいただいている状態を指すのです。

一方の「非難」は、欠点を取り上げて責め立てるという意味なので、ただダメ出しだけをされることです。

「非難」は、欠点を指摘するだけで、それをどう活かせばいいかというヒントのような意見をいただいていない状態ということです。

でも「批判」は今後にとっていいヒントとなるものです。それを知れば、怖がったり避けたりする必要はなくなります。

「いい批判」と「中傷」を混同しない

私のメンターでもあるジョン・C・マクスウェルは、批判に対して、次の10の視点を持つことを提言しています。

①「いい批判」と「中傷」を見分ける
②深刻に受け止めすぎない
③尊敬する人の批判にはじっくり耳を傾ける
④感情的にならない
⑤志を確認
⑥「休む時間」を取る

⑦「一人の批判」を「全体の意見」と勘違いしない
⑧時が解決してくれることを待つ
⑨同じ土俵で戦わない
⑩批判や失敗から学ぶ

とくに大事なのは①の「いい批判と中傷を見分ける」です。

中傷は不当に蔑《さげす》み、信用や価値を低下させる行為ですから、タチが悪いといえるでしょう。この中傷に近い存在が「非難」です。

こうして考えてみると、「いい批判」は、自分のためを思ってしてくれているということがわかります。

中傷や非難には相手を蹴落とそうという悪意しかありません。

しかし、批判という言葉の意味をきちんと知ることができたいま、あなたの心から、批判されることへの不安や恐怖が消え去っていると思います。

不安や恐怖が取り除かれた状態に慣れてくると今度は、より高いレベルにステップアップするために、批判されることが好ましく思えてくると思います。

そういうメンバーに囲まれて対話をしていくと、お互いがお互いを批判し合う状況が生み出せることでしょう。

そうして足りない部分や欠けているポイントを指摘し合って、より完成度が高いものが生み出されます。

こうした作業をしているときのメンバーの思いは、相手に対する思いやりにあふれています。そして相手を思うからこそ真剣に言葉をぶつけます。

「対話」というのは、真剣な言葉を正面からぶつけ合うようなものなのです。

感情には理論で反応せよ

順序を逆にして説明すれば、正面から相手にぶつかっていくためにも、不安や恐怖は自分の中から取り除かなければいけません。
そのために批判を喜んで受け入れる姿勢が問われます。
私は何かの行動を起こせば、批判は必ずされると考えています。
それはチームを組んで共有できる目標をつくり、その実現に突き進む場合でも同じだと思います。共有するために話し合いをすれば、必ずメンバー同士の批判が起きるはずだからです。

こうして批判と正面から向き合うときに重要なのは、「感情的にならない」ということです。

誰でも自分の考えを真っ向から否定されれば、少なからずカチンとくるかと思いますが、そうなると批判に対して中傷などで返してしまう可能性も高まります。

相手は相手なりの論法で批判しているのですから、それに対しては、やはり論理的に反論するのが筋だと思います。

そうでなければ議論は建設的にならないからです。
別の角度から見れば、批判は正面からぶつかっていく行為なのに対して、中傷や非難は斜めや後ろからぶつかっていくようなものだと、いえると思います。

相手の思いや立場など思いやっていませんし、自分が言い合いで勝てればいいと考えているのですから、真っ向勝負をする必要がないからです。

マクスウェルの言葉を借りれば、

「相手が、どの方向から議論をぶつけてきているか」

を見極めることが重要ということです。すでに目的意識を共有しているメンバーであれば、この見極めをする必要もありません。

一方で、これからメンバーになってほしいと思っている人物がいたら、自分の思いをぶつけたときの反応が「批判」なのか「非難」なのかを見極めなければなりません。ここで「批判」をぶつけてきてくれたなら、その人物は新メンバーとしてチームに迎え入れても大丈夫だと判断できるでしょう。

批判されることを前提にしたチームをつくろう

強力なチームは「出る杭」の集合体

さて、批判を恐れず何かの行動をするということが身についてきたとしましょう。そうなると自分の中に、「出る杭になろう」という気持ちも強く湧き上がってきていると思います。

じつは私の会社も、チーム一丸となっていますが、そのメンバーは個性にあふれていて、さまざまなバックボーンを持ち、会社としての目標とは別に自分自身が実現させたい夢も持っている人たちが集まっています。

たとえば「言葉が世界をつくる」という信念のもとに、バイタリティ溢れる活躍をしている女性社員の田上顕子さん。

彼女は新規プロジェクトを創案するとき、周囲から「それは絶対に無理！」と反対されるような規模や仕組みを自分から進んで立ち上げます。

これは率先して「出る杭」になっているようなものです。

それを、「絶対に実現する！」と自分にも周囲にも常にいい聞かせ、最終的には実現してしまいます。

彼女は、

「可能性に制限はない」

という考え方で、ハードルや壁が目の前に現れても、可能性だけを信じて前に進んでいきます。

もちろんネガティブ発想とは無縁です。

私は自分や会社がどんな状況にあっても、メンバーに対して、「私たちはスゴイ！」といい続けているのですが、私の思いをはるかに超えて、私が発している言葉を体現している代表格といってもいい存在です。

このような「出る杭」になることを好んでいる人物ばかりがメンバーに顔をそろえていたら、そのチームはとても強力で、大きな潜在能力を秘めていると思います。

愚痴をいうメンバーがいたときの対処法

田上さんのような超ポジティブな人物もいれば、ときにはネガティブな発想がついつい顔をのぞかせる社員もいます。

ネガティブな人物は、新規プロジェクトを立ち上げるにしても、目標に向かってチームが一丸となって突き進んでいるときでも、自分が苦しいと思ってしまったタイミングで、ついつい愚痴をこぼすという特徴があります。

「このプロジェクトはしんどい」

「この目標を達成するのはキツイ」

こんな具合です。

もし私が、このような愚痴を耳にしたら、

「それでは、しんどさやキツさを軽減できる改善案を出してください」

と要求します。

ここで満足な対案も用意していないまま愚痴をこぼしていたのであれば、その人物が発したものは「いい批判」ではなく、「非難」と判断します。

仮に何らかの自分で考えた対案が用意できているなら、聞いたときに愚痴と思ったものは愚痴ではなく「批判」の入り口、キッカケだったといえるでしょう。

対案が用意されていれば、プロジェクトや目標について再度、ブラッシュアップして内容を吟味する機会に恵まれます。建設的ですよね。

しかし対案がなければ、愚痴をいった本人のみならず、周囲のモチベーションまでをも下げてしまうリスクがあります。

足を引っ張るという意味では「中傷」と同じようなものでしょう。

だから、ネガティブな発言を耳にしたときには、改善案を要求してみるのが効果的なのです。

外部メンバーを集めたいときに効果的な言葉

さて、チームが共有できる目標を持って始動したとします。

その目標を達成するのに、外部の協力者にサポートを依頼するような機会もあるかと思います。

この外部サポーターも、いってみればチームの一員です。

そうした外部のチームメンバーを集めるとき、みなさんならどのようにして声を掛けますか？　どのように探しますか？

私は保険会社の営業マン時代に使っていたテクニックを応用します。

狙うべきは、「とびっきりの人」です。

その「とびっきりの人」を知っていそうな友人や知人に、

「とびっきりの人を紹介してください」

とお願いするのです。

友人や知人には、前もって自分が目指そうとしているゴールや目標を打ち明けています。直接的にチームの一員というべき関係がなくても、それを応援してくれる時点で準メンバーだと思っています。

そんな人物が「とびっきりの人」として紹介してくれるなら、これは金の鉱脈や宝の在り処を教えてもらえたのも同然です。

そして紹介いただいた「とびっきりの人」に会ってゴールや夢を打ち明けたとき、返ってきたレスポンスが「批判」に通じるようであれば脈ありです。

このような準メンバーや未来のメンバー候補に対しても、私は正面から思いの丈をぶつけます。それは批判がほしいからです。

批判を受けて議論を戦わせる。これは勝つか負けるかという勝負論とは次元が異なる戦いです。

より高次のステージに上がるための通過儀礼といってもいいでしょう。

通過儀礼なのですから、避けて通るべきではありません。

そうした意味で、「批判との戦い」については、どこまでも好戦的であるべきではないか、と考えています。

Chapter 4

影響力

influence

マインドを浸透させる

熱狂できる言葉を、
まずは自分自身に
浸透させる

「熱狂」に導く言葉を覚える

自分が属するチームを熱狂に導いて、ますます飛躍的に業績をアップさせてゴールにいち早く到達したい。そう考えたときに必要とされるのは、チームをどのようにして熱狂へと誘うか、です。

その方法のひとつとして、本書では言葉を用いますが、その言葉をどのようにして選ぶべきでしょうか。最初から結論になってしまって申し訳ありませんが、その基準はひとつしかありません。

それは、「ポジティブなイメージの言葉」です。

具体的にどのような「言葉」が当てはまるかというと……。

・充実している（充実感がある）
・がんばる（がんばろう）
・容易（簡単）
・おもしろい
・できる
・大丈夫（問題ない）
・幸せ（ハッピー）
・元気
・うれしい

まだまだありますが、このような言葉です。
では、絶対に選んではいけない言葉は、というと……。
そう、「ネガティブなイメージの言葉」です。
こちらも先の言葉と対比させるように、例を挙げてみましょう。

- 大変だ
- もう無理だ（したくない）
- 難しい
- つまらない
- できない（わからない）
- 不安だ（心配だ）
- いいことがない
- 疲れた
- 不満だ
- 困った

まだまだありますが、このあたりにしておきましょう。

さて、日常生活やビジネスのうえで、自分がどちらに属する言葉をより多く使っているか、少し振り返ってみましょう。

後者のほうが多いな、と感じているなら、それは自分で自分を熱狂させていない状態といえるでしょう。

心理状態というのは周囲に伝染します。

自分がネガティブでいれば、それが選ぶ言葉に表れ、言葉ともども周囲にネガティブな気持ちが広がってしまいます。

ポジティブな言葉遣いが多いのであれば、自分を熱狂させる下準備は整っているといえますが、それだけでは不十分です。

残された少しのネガティブ要素が、ポジティブ要素をかき消してしまうからです。

そして、**打ち消し合いとなると、ネガティブのほうがポジティブよりパワーがあるので始末に負えないのです。**

そこで、意識してポジティブな表現を使うように、日常的に心がけておくのが重要となります。

ポジティブな言葉遣いを意識するのに、とても簡単ですぐにはじめられる方法を紹介しましょう。

それはポジティブ表現の代表格といってもいい、このキーワードをいろいろなシチュエーションで常に使うというものです。

その言葉は、

「ありがとう」

です。

私はこの「ありがとう」を1日100回使おうと心がけています。

朝食を用意してくれた妻に「ありがとう」。

飛びきりの笑顔を見せてくれた子どもに「ありがとう」。

丁寧な応対をしてくれたコンビニの店員さんに「ありがとう」。

私に有益な情報を提供してくれたメンバーに「ありがとう」。

「ありがとう」を出せるチャンスは、その気になれば無限といってもいいほど、あちらこちらに転がっているものです。

そのチャンスをできるだけ多く探し出してみようと心がけていれば、ほどなくして自然と「ありがとう」を出せる回数は増えているはずです。

「ありがとう」を起点に熱狂へと導く

「ありがとう」を発する相手が人間であれば、その相手は「ありがとう」といわれて悪い気持ちはしないでしょう。

それどころか、ポジティブ表現として例に挙げた、「うれしい」を引き出してくれるはずです。


「ありがとう」が「うれしい」を引き出してくれるとなれば、「ありがとう」といわれた相手にポジティブな心理状態を広げた、ともいえます。

そうしてポジティブの輪を周囲に広げていくのです。

このポジティブのスパイラルに身を置きたい私は、数多くの「ありがとう」を周囲に発して、周囲からより多くの「ありがとう」を投げかけられる人生を送りたいと考えています。

「情熱」が熱狂の着火剤となる

ポジティブになることで、力が入りすぎることもあります。

この力が入りすぎるほど入っているときというのは、自分が「情熱」という炎に包まれている状態です。

「情熱」というのは、魂が燃えている状態だと考えていて、それは目標を実現するためには非常に頼もしい、最高のパートナーだとも思っています。

「魂が燃えている」＝「情熱」のさなかにある自分は、ゴールを目指して熱狂している状態です。

それは当然ですが、ポジティブな心理状態です。

だから自分が熱狂しているときは、そのポジティブな心理状態を周囲に伝播《でんぱ》させやすい状態だともいえます。

熱狂状態にあれば、心理状態はポジティブなのですから、発せられる言葉も、自ずとポジティブ表現になります。

そうした状態をメンバー全員で共有するのです。

そのためには、各自がポジティブでいようと心がけることも大切ですし、少なくとも自分はポジティブな心理状態を維持し続けようと、強く意識する必要があると思います。

また、ポジティブな言葉からは、内面に隠されたポジティブな心理というものも、自然と伝わってきます。

「よし、今日も1日、がんばるぞ！」と鼻息荒く宣言しているような人物に、ネガテイブなムードを感じることはないでしょう。

「今日も1日、充実していた！」と笑顔を見せるメンバーに、ネガティブな心理状態を見ることもないはずです。

そういう雰囲気をつくりたいと思うなら、まずは自分が率先してポジティブ表現の使い手になることです。

チームを熱狂に導くためには、日ごろから選んで使う表現に心を砕く必要があることを、これで理解いただけたと思います。

チームを熱狂させろ

チームを熱狂させる「ファン」の存在

仮にあなたがチームリーダーだとしたら、あなたを軸として、ポジティブな雰囲気というものをチーム内に満たしていく必要が出てきます。

そして、このことが習慣づけられると、あなたには多くのファンが味方に付くことになります。

誰でも重く暗いムードで時間を過ごすより、明るく楽しいムードに身を置きたいと願うものです。

その陽気なムードを醸し出すツールのひとつが、ポジティブな表現です。

だから常にポジティブ表現しか使わないような人物がいれば、より明るい雰囲気を求めて人は集まってきます。集まってきた人もハッピーな気分が育まれて、ポジティブのスパイラルができあがります。

すこし考えてみればわかると思いますが、そうした居心地がいい空間をつくってくれる人物を、普通であれば放っておけません。

誰だって仲良くなりたいと思うでしょう。時間や思いを共有してみたいと思うでしょう。そうしてファンになってくれるのです。

ファンは、場合によってはハードルや壁を乗り越えるサポートをしてくれることもあります。ビジネス上のクライアントがファンであれば、より好条件で取引することが可能となったりすることもあります。

このファンを、チーム内につくっていくとすると、どうでしょう。

そのチームは、あなたのために何かしようと考えるメンバーの集まりになる、ともいえます。

これは自分だけが得しようとか楽しもうなどという話ではなく、こちらも相応のGIVEをする関係を目指すものです。

リーダーだから特権的な地位なのではなく、メンバーがお互いにウィンウィンの関係を築ける居心地のよさを維持する。

それがリーダーの本当の役割ではないかと考えています。

これを維持するためにリーダーには、ポジティブ表現の徹底という習慣づけが、どうしても必要とされるのです。

世界最高のメンターによる、熱狂リーダーシップ講義

私が師事するジョン・C・マクスウェルが提唱するリーダーシップ論は、要約すれば成果などのデータにとらわれない感情を重視した人心掌握術です。

じつは「熱狂させる」「ファンになってもらう」などの、これまで見てきたテクニックは、どれも、「相手の感情を動かす」内容になっています。

そのマクスウェルは、

「相手の感情を動かしたいなら、先に自分から動きなさい」

と教えていますが、チームを熱狂させるために自分を先に熱狂させるというのは、この考えをベースに導き出された結論でもあります。

自分にも他人にも「正直」でいること

相手の感情を動かすために、社長というリーダーの地位にある私は、常に、「正直であれ」ということも意識して心がけています。

そのため、毎日の就寝前に、

「今日も誠実な生き方をしたか？」

ということを、自分に質問しています。

「正直」というのは、周囲に対してだけではなく自分に対してもです。だから自分の心にウソをついて周囲に迎合するなどという発想は、私にはありません。

そこで聞く人によっては、私の表現がストレートすぎたり鋭く感じられたりすることもあるようですが、そのことで誤解を生じてしまうとしても、自分を偽るよりはマシです。

何より、私の真っ直ぐなもの言いに対して、真っ直ぐすぎるのはイヤだ、と感じるような人物と、私は同じチームに属することはできないと思いますし、相手も私と同じチームになることを好まないと思います。

八方美人で誰とでも仲よくというのは、自分に対しても周囲に対しても誠実な態度だと思っていませんし、「正直」を貫いた結果として、その人物との接点が切れてしまったとしても、私には悔いるところはありません。

ちなみに、チームのメンバーに対して常に正直であることを心がけると、どのような効果が生まれるのかについても書いておこうと思います。

社長やリーダーとして正直というのは、会社やチームにまつわる情報を常に開示している、ということです。これは結果的に信頼につながります。

相手を信頼するからこそ、真正面から批判しようという気にもなります。

信頼できるからファンになろうと考えます。

信頼できるから、その意見に耳を傾けようという気にもなれます。

こうして心からの意思疎通が円滑に進むとき、私たちは周囲に対して、影響力というものを及ぼすことができるのではないかと思います。

影響力は、信頼関係なくしては行使できないのです。

その信頼関係の礎《いしずえ》には「正直」があるのです。

常に正直な人間を相手にしたとき、人は「感情を動かされる」のです。

Chapter 5

リーダーシップ

leadership

先頭に立ち戦い続けよ

リーダーなら、チームに希望を見せよ

「仲間と喜びを共有したい」という思いを伝えよう

本章では、リーダーの立場にあなたが立っていた場合、というシチュエーションに絞って説明をしていこうと思います。

私が現在の会社を立ち上げた当時。経営者としての実績を持たない私に対して、社員からの信頼度は、それは低いものでした。

そのことは当然といえますし、社員たちを責める気もありません。

私は、「正直」であることを前面に打ち出して、一刻も早く信頼関係を築きたいと考えました。そこで社員を集めて語ったのが、次の言葉です。

「自分は経営者としては駆け出しだ。だけど夢がある。その夢を、みんなと一緒にな

って実現させたい」

社長としての自分に難がある部分を素直に認めて、それでもみんなの力を借りたいという本心、夢を実現させたいという本音を正直に吐露しました。

同時に、経営者としての自分に磨きをかけるため、それ以前にひとりの人間としての魅力に磨きをかけるため、私はさまざまなセミナーに参加するなどして、学習も続けました。すると不思議なことに、社員の私に対する不信感が、徐々に薄らいでいくのがわかりました。

リーダーは「希望」を提供せよ

リーダーとしての私が、メンバーたちと素晴らしい時間をつくっていくために、いつも心がけていることがあります。

それは、「メンバーに希望を与え続ける」ということです。

希望とは、壮大なビジョンによって提示されます。

そのビジョンというのは、実現すべき目標であり到達すべきゴールです。

その実現には、第2章でも触れたように、ゴールや目標そのもののわかりやすい図式やイメージとともに、そこにいたる道のりも、できるだけ具体的に提示されていることが必要となります。

私は採用面接の際に、

「あなたが持つビジョンが、私たちのそれより大きいなら、当社ではなく別の会社で働いたほうがいいですよ」

と言うことがあります。

これは、その人物に対して、「希望」を共有できるか確認する作業です。

そして、

「当社のビジョンは巨大で、みんなの力を合わせないと実現できません。だから力を貸してください」

とも伝えます。

これらの正直な言葉に対して、

「この会社に入れば、なんだか素晴らしい毎日が送れそうだ」

と感じていただければ、その人物は私たちのチームの新メンバーとして有力な候補だと判断できます。

ゴールにいたる道のりを冒険のように感じ取っていただけたなら、それは「希望」を与えられているといえるでしょう。

「希望」は、会社の総力をアップさせてくれる

ただしこれも、あまりにも内容が漠然とし過ぎていては、想像できるイメージが散漫になってしまい、何かありそうという期待感は与えられても、「希望」まではいたらないものです。

そこで私は、

「3年後は、会社の状態がこうなっている」
「5年後には、このような事業を軌道に乗せている」
「10年後には、この分野で海外進出できている」

というように、できるだけ具体性がある目標設定を「正直」に打ち明けます。

それを聞いた相手が、自分の未来図に明るい展望を持てれば、それが希望を生み出すのです。

その意味では、単なる口から出まかせではない本物の大言壮語を常備して、その実現に突き進む姿勢を見せ続けることもまた、リーダーにとって必要な仕事といえるでしょう。

そのうえで、明るい未来予想ができるように、「この会社に入れば、あなたにはこんなことができます」などという、スキルや能力に見合った入社後のプランを提案できることも不可欠です。

そうした具体的な入社後の自分が想像できないと「希望」が生まれてこないからです。

そこは私が経営するような、規模が小さいベンチャー企業にとって重要視せざるを得ない部分でもあります。

ベンチャー企業がビジネスサバイバルを生き延びていくのに重要なポイントは、何よりスピードです。

フットワークの軽さ、柔軟な思考なども、これに含まれます。

それを可能にするのは、一人ひとりの能力を結集させた会社としてのパワーです。人数が少ない分、より効率的に能力を結集させる必要があります。

そして、完璧な会社などあり得ないからこそ、個人が持つ能力に期待することが、会社の命運を握るカギだと私は考えています。

その能力を最大限に引き出すスイッチが「希望」なのです。

社員数は少なくても、その全員が同じゴールを目指して猛進すれば、これほど強力な会社としてのパワーもありません。

だから社員全員が持つ「希望」の総量が、会社のパワーだということもできると思うのです。

最前線で戦ってこそ、
リーダーとして
認められるのだ

リーダーの条件

ここで少し立ち戻って、「リーダー」という存在そのものについても、考えてみたいと思います。

リーダーとは、いったい誰が決めていると思いますか？

立候補するなどしてリーダーになったのなら、自分で会社を立ち上げて社長の座に就いたのなら、誰がどう見ても自分以外に考えられない……。

本当にそうでしょうか？

いくら、「自分がリーダーだ」「私が社長だ」と騒いでも、周囲が、「お前はリーダーじゃない」「あなたを社長としては見られない」と判断していたら？

就任の経緯はともかく、リーダーというのは自分が決めるものではないのです。

リーダーは「相手が決める」存在なのです。

実際に、会社を立ち上げた当初の私は、肩書きのうえでは社長でも、本物の社長とはいえませんでした。

だから社員の信頼を得られていなかったのです。

社員たちが「豊福は社長だ」と認めてくれたとき、はじめて私は本当に社長となれたのです。

そうして本物の「リーダー」になるため、リーダーに求められる資質というのが、すでに説明してきた、

「正直であること」

「希望を与えられること」

なのです。これらを備えたリーダーなら、誰でも、「この人についていこう」という気になるでしょう。

「ついていきたい」という感情は信頼をしている証拠のひとつでもありますし、それが、相手が自分をリーダーだと認めた証拠にもなっています。

リーダーと認められたら、チームの雰囲気を良好に保つ工夫を

そういった信頼関係を築くためには、社内やチーム内に、誰もが自由に発言できる、発言しようと思わせるムードを維持することも欠かせません。

それがお互いの「いい批判」を生み出すのです。

コミュニケーションが密になればなるほど、お互いを信頼する気持ちも強められます。こうしてポジティブのスパイラルに包まれた、明るく健全なチームができあがっていくのです。

私の場合、社内の風通しをよくするために朝礼などを活用しています。

コストをかけて社員をセミナーに積極的に参加させていますが、それと並行して自分が参加したセミナーで得た気づきを、社員と共有することもしています。

こうして社員同士がお互いに「聴く」ことを習慣づけられれば、その会社は高度なマンパワーを育成できていることになります。

私自身が研修やセミナーなどで学習を続けていると書きました。

それは自分自身に猛烈な学習意欲があることもそうなのですが、リーダーは率先垂範するべきだという考えもあるからです。

自分の可能性を無限だと信じることができず、あるいは単純に面倒くさいからと、成長を止めてしまうのはもったいないことです。

リーダー自ら積極的に学習と向き合うというのは、自分の可能性を信じ続けている姿勢をわかりやすく見せられるという側面もあります。

自分の可能性を信じるというのは、自分に対して絶対的な信頼感があることを意味します。

この自分への絶対的な信頼がないと、目標はなかなか実現できません。

だからとくにリーダーは、自分への絶対的な自信というものを、強く持ち続ける必要があるのです。

リーダーがいるべき場所とは？

最前線で戦う姿を見せてこそリーダーです。

そういうリーダーの背中を見ていれば、メンバーたちも自ずと、「自分にも無限の可能性があるはずだ」と思えるようになるでしょう。

そうして、学習に取り組むメンバーの能力は日に日にアップしていくはずです。

そうなると、マンパワーの集合体である会社としてのパワーも、強化され続けることになります。

能力値がアップし続けるのですから、目標やゴールに到達できる可能性も高められますし、実現に要する時間も短縮できることでしょう。

私は、夢を持ち続ける自分の背中を子どもたちに見せ続けたいと思っています。

そうして子どもたちにも、数多くの夢に囲まれた幸せな人生を送ってほしいと考えています。

それは会社に対しても同じです。夢多き私の背中を通じて、社員たちにもより多くの夢を抱いてほしいと願っています。

何より夢を抱いている人の姿を見るのは楽しいですし、その姿そのものが素晴らしいと思っているので、本当に心から、ひとりでも多くの人が、ひとつでも多くの夢を心に描いてほしいと思っています。

その夢が実現するたびに、メンバーみんなで、家族全員でハッピーな気分に包まれるのです。こんなに素晴らしいことはないのではないでしょうか。

Chapter 6

育成

training up

部下を無敵のビジネスパーソンに変える

部下が何に熱狂するか？「アイデンティティの法則」を駆使せよ

個別面談で、メンバーの頭の中を観察する

リーダーであれば、メンバーとの面談の機会もあるでしょう。

個別面談は、「メンバーの頭の中を覗く作業」でもあります。

なぜ面談をするのか。メンバーの心の声に耳を傾け、自尊心を刺激するためです。

自尊心はモチベーションをアップさせ、熱狂させるための土台ともいえる部分です。

自分に自信があればこそプライドは保たれます。

それを上手に活用することが、メンバー各自が持っている「成長したい」という意欲を掻き立てるのです。

その際、重要視しているのは、メンバーが持つアイデンティティです。

これは私の師匠ジョン・C・マクスウェルが提唱する**「アイデンティティの法則」**

をベースに、事前に把握しておきます。

方法は極めて簡単です。

次に挙げる計38種のアイデンティティから、自分が大切にしているものを選び出し、さらに優先順位をつけるだけです。

この作業により、自分自身が何を目指しているのか、どんな生き方がしたいのかがわかるのです。

私の会社では、このツールをメンバーに実践させ、さらに私を含むリーダーが、メンバー各人のアイデンティティを把握するようにしています。

メンバーが何を大切にしているか。つまり、メンバーが何に熱狂するのかが、このツールを使うことでわかるわけです。

では早速、38のアイデンティティを見ていきましょう。

1　責任（行動と結果に責任を持つ）
2　達成（最高水準を目指す）

3　権力（意思決定、人事等についての権力を持つ）
4　平衡（仕事、家庭、趣味のバランスを取る）
5　変化（変化を好む、改善のための違った手法を試す）
6　コミット（仕事などに対して、気持ちも思考もコミットしている）
7　能力（スキル、能力がある）
8　勇気（居心地のいい場所から抜け出す勇気）
9　創造力（新しい方法を考え、目標達成する）
10　顧客満足（高い顧客満足度を目指す）
11　多様性（多様な文化を受け入れる）
12　効果的（結果を得るための実行力）
13　効率（無駄なく、効率的に結果を出す）
14　公正（公平に人を扱う）
15　信念／宗教（信仰するもの）
16　家庭（家族といる時間、その質と量）

17 健康（心身の健康）
18 楽しみ（ユーモア、笑うこと）
19 成長（自分の成長に投資する）
20 正直さ（正直であること）
21 独立（他者の影響や指示を受けない）
22 誠実／高潔（どんな状況でもブレない自分）
23 知識（経験や学習を通して専門性を高める）
24 レガシー＝遺すもの（将来を考えた今日の変化）
25 忠誠（人、仕事、文化などへの忠誠）
26 金銭／財産（物質的な豊かさ）
27 情熱（情熱、ワクワクする気持ち、やる気）
28 完璧（完璧さを目指す）
29 クオリティ（素晴らしいクオリティ）
30 表彰（表彰されること）

31 シンプル（簡単さ、シンプルさの追求）
32 地位（地位、ステイタス）
33 形式（きちんとしていること）
34 チームワーク（グループ、チームで一致団結すること）
35 信用（人からの信用、高潔さ）
36 緊急（すばやい行動）
37 奉仕（NPO、ボランティアなどでの奉仕）
38 智恵（正しい判断のための深い理解）

以上が、マクスウェルが挙げる、人が持つ38のアイデンティティのかたちです。
このあとの手順は簡単です。

【手順①】38項目から、自分が大切に思っているものを6つ選ぶ
【手順②】手順①で選んだ6つから、さらに大切なものを3つ選ぶ

【手順③】手順②で選んだ3つから、上位2つを選ぶ
【手順④】最後に残った2つのうちどちらが上かを選び、ナンバーワンを決める

これが、その人が大切にしている価値観。つまりアイデンティティです。

このアイデンティティを活用し、メンバーのものも把握をすれば、相手に関するベーシックな情報が用意できます。そのため面談に要する時間は数分程度です。

費用対効果ならぬ時間対効果は、絶大なものがあると実感しています。

アイデンティティ重視の「対話」に努める

なぜアイデンティティを重要視するのか。

それは、同じ目標を共有しているといっても、その目標を目標と思う心や、ゴールにまい進するモチベーションの源は、誰もがまったく同一ではないからです。

たとえば、目標を達成したいと強く願う一人のメンバーは、それを「家族のために」と考えているかもしれません。

別のメンバーは「達成に続いて設定したい自分自身が抱く夢の実現へのステップ」を動機としているかもしれません。

こうしたモチベーションの土台となっている部分は、個人個人が人生経験の中で育んできた価値観に大きく左右されています。

人生経験は人それぞれで、自分とまったく同じ他人など存在しません。

人それぞれ、熱狂するポイントはまったく違うわけです。

だから価値観に多様性があるのは当然で、それをアイデンティティを通して見極めたうえで、メンバーが一丸となって目標に突き進む舞台を整える必要があります。

現状から判断するのではなく、可能性を評価する

個別面談は、それだけを目的としているわけではありません。

私としては、どちらかというと、そのメンバーの成長に寄与したいという思いのほうが強いくらいです。

メンバーの成長に寄与するための面談と表現すると、私がこんこんと教え諭すような説教じみた場面を想像されるかもしれませんが、そうではありません。

目的は、メンバーの現状よりも、メンバーが秘めている可能性を評価することです。

評価をするためには何を価値観としてモチベーションを生み出しているのかを知る必要がありますし、現在の自分なりの目標設定や自分だけの夢などといったことも把握しておくほうが、よりよい人間関係を築けます。

そして、そのメンバーにより適した業務を任せることができたり、そのメンバーだからこそ強力な戦力となってくれそうな新規ビジネスのアイデアが生まれたりするのです。

また、会話を重ねることによって、私にも相手のメンバーにも、新しい気づきが訪れる場合もあります。そこから新しいアイデアが生み出されることもまた、同じようにあります。

お互いに今後何をすべきか、という逆算をすることも簡単になるので、いいことづくめではないかと、個人的には考えています。

チャレンジ精神の育み方

無限の可能性があることを信じることができているメンバーは、何かの目標を達成した後に用意する次なる目標も、より大きなものを設定しようとする傾向にあります。

チャレンジ精神は、

「可能性の羽根を広げてくれる」

「見渡せる世界に一段と広がりを持たせてくれる」

「行動力のエネルギー源」

といった特徴を備えています。

可能性を評価してあげるようにしていると、自信をつけたメンバーは「チャレンジ精神」を育みやすくなる心理状態に置かれます。

『金持ち父さん貧乏父さん』（筑摩書房）で世界的に著名なロバート・キヨサキは、

「ちっぽけな目標は人を奮い立たせない」

と指摘しています。

チャレンジ精神を育んであげないと、メンバーは「ちっぽけな目標」ばかりを次々と立てて、ハードルや壁と呼べないようなものを楽々飛び越え続けてしまうことになります。すると、そこで得られる達成感は、「充実感」ではなく「自己満足」になってしまいます。

そして、自信ではなく過信が、安直なルートしか選択しないという後ろ向きの精神が、育まれてしまいます。

こうなってしまうと、もはや自分に秘められた無限の可能性など、どうでもよくなっています。チャレンジしようということをリスクだと考え、徹底的に回避しようとするようになります。

すると、真剣に本当の努力をしている人を小バカにするなどして、しだいに周囲のメンバーとの温度差が無視できないほどになり、軋轢《あつれき》を生んだり、チームの良質だった雰囲気を根こそぎ破壊してしまうようなことも起き得る状態になってしまいます。

そうなってから挽回しようとしても、余計な手間と時間がかかります。

このリスクを予防するためにも、「可能性で評価する」という視点は大切なのです。

あなたは、「導く存在」であれ

メンバーに潜む「臆病」を「怖い」に変える

面談で得られるメリットは、ポジティブになりきっていない部分が潜んでいた場合、それを洗い出して、思考回路の変換ができることです。

もしくは、ネガティブでもポジティブでもない無思慮な部分があった場合、それを批判して改めることも可能です。

これらは私からの押し付けではありません。

私はメンバーに対して、自分を変えるためのヒントを提示したり、お互いが批判し合って、より高次元のアイデアやモチベーションを得たりしたい、と願っているだけです。

ネガティブ発想にとらわれている状態のとき、人間は臆病になりやすいものです。

臆病というのは、行動に踏み出せない心の状態です。

一丸となって目標に突き進みたいのに、行動できないのでは話になりません。足並みがそろわなくなれば、ほかのメンバーの士気にも影響します。

そこで臆病心を消し去ることが必要になるのです。

自分自身と正面から向き合って、臆病にさせている原因が何かを突き止めると、その原因に対する心境は、「怖い」という状態に変化します。

「怖いから動き出せない」というような表現をすることもありますが、こうした場合の「怖い」は臆病のことを指しています。

しかし、本当の「怖い」を知った心理状態であれば、前に踏み出せるのです。

「怖い」を知っているとは、「リスクが正確に把握できている状態」のことです。

だからメリットとデメリットを、正しく正面から見つめることができます。

それらを天秤にかけてリスクマネジメントをしたうえで行動に移す。

それができるのが「怖い」を知っている、ということなのです。

「臆病」の場合は、何がどのようなリスクを生じさせるのかについての情報を正確に把握できていません。

だからメリットもあいまいにしか把握できていません。

そしてリスクを生じさせる原因が理解できていないから、どこにどう進めばいいのかわからなくなり、前に踏み出す勇気を出せないのです。

ところが「怖い」であれば、どのルートを進むとどんなリスクがどれくらいあるのかということを、ある程度は把握できています。

だから前に踏み出せるのです。

リーダーの立場にある人は、行動に踏み出せないでいるメンバーを見かけたら、臆病心を「怖い」に変えてあげるサポートをするべきなのです。

それも自分で気づき、自分で発見できないと意味がありません。

だから面談の場で正解をすぐに告げるようなことはせず、自助努力をサポートする方向で手助けするのです。

しっかりと言葉に出して伝えよ

私はメンバーに対して正直でいることを心がけていると、すでに書きました。

正直でいると、もの言いに淀《よど》みがなくなります。

自信があるし、隠し立てしようという気持ちがないから、自然と堂々とした態度や口調になるからです。そうした態度や口調を、メンバー全員が同じように身に付けてほしいと思っています。

そこで私は、「いわなくても伝わる、ということはない」と強調しています。

2017年の流行語に「忖度《そんたく》」がありましたが、その忖度を相手がしてくれるはずだ、という思い込みは禁物なのです。

だから私は、

「声で伝える。あいまいな表現は使うな」

ということをメンバーが徹底するよう、常に伝えています。

はっきりと口に出して伝える。これが相手に誤解を生じさせるリスクを減らし、しかも相手に好印象を与える基本姿勢なのです。

人間というのは、好印象を抱いた相手に対しては、幾分かでも舌が滑らかになるものです。

これは相手が自分から進んで、自分のことを話す機会が増えるということです。

相手が喜んで情報開示してくれるというのは、とくにビジネスにおいては重要です。

そういう雰囲気づくりに「言葉で伝える」ということは絶大な威力を発揮します。

これに「聴く」姿勢を加えれば鬼に金棒なのは、いうまでもありません。

ネガティブ表現との決別を促す

人を熱狂させるために欠かせないのは、「ネガティブ表現との決別」です。ネガティブ表現が頭に浮かんだら、それを口にする前に、脳内でポジティブ表現に変換する。たとえば次のような感じです。

「今期の売上が、このままいくと前年比の95%だ。いずれこの部署はなくなるぞ」

↓

「まだ時間はあるから大丈夫だ。逆転して、この部署の存在感を示そう」

このように、変換するのです。

これは意識していれば数日から1ヵ月ぐらいで実現できます。騙されたと思って実践してみてください。いつの間にかネガティブ表現が頭をよぎらなくなり、ポジティブ表現を多用するポジティブ思考が習慣になって、自分でも驚いてしまうと思います。

同時に、「無理なんかじゃない」ということを、自分にもいい聞かせてみましょう。いろいろと行動してみれば理解が早いのですが、世の中には「自分には無理」という事柄は、あまりありません。

私は自分にある可能性を信じています。

その可能性は、さまざまなバリエーションでいろいろな場所に散らばっています。

それはメンバーも同じです。

メンバーの一人ひとりに、無限の可能性が秘められていると信じています。

誰かができたことは、同じ人間なのですから、自分にも可能なことが多いのです。

では「できる」「無理」と真逆の判断をしてしまう違いは何かというと、「したいか、したくないか」ということだけです。

したくないことのいいわけとして、「自分にはできない」という言葉ができあがるのです。

ゴールまでの道のりをシミュレートする

ポジティブ思考を習慣化する一助として、目標に向けたアプローチについて、日ごろから何度も繰り返しシミュレーションするのも効果的です。

ゴールにいたるまでの考えられる限りのルートを想定して、それぞれについてシミュレートしておくのです。

そうすれば不測の事態が起きる可能性の幅が狭められ、万が一、不測の事態に遭遇した場合にも、パニックに陥るリスクを低減できます。

冷静に行動できる準備が整っているので、ミスを犯《おか》しにくくなりますし、たとえ失敗しても挽回するまでの時間や手間を減らすこともできます。

そのため、リスクマネジメントの意味も込めて、起こりうる事態を考えられるだけ書き出しておくことも重要でしょう。

たとえば、「この行動をしたときには何が起きるか?」といったことをスマホにでも紙にでもいいので、書き出してみるのです。

要は「最悪をイメージしておく」ということが大切なのです。

精神的な安定をもたらすことも育成の大切なポイント

ポジティブ発想の習慣化によってネガティブ表現との決別ができたメンバーは、精神的にもリラックスして安定した状態に置かれやすくなります。

第4章の冒頭で紹介したポジティブ&ネガティブワード。

じつはポジティブワードには精神状態をリラックスさせる効果があり、逆にネガティブワードは、精神にとってはストレス源として作用し、心の休息を与えてくれない存在です。

ネガティブ発想にとらわれていると、頭の中をネガティブ表現がグルグルと回り続けます。これが心のゆとりを奪ってしまうのです。

そして余計な心配事まで抱えるなどして、精神状態が悪化していくのです。

そうなったらパフォーマンス低下は確実です。

そのため、リーダーはメンバーの精神状態に余裕があるかどうかも、観察している必要があります。

精神状態がリラックスして心に余裕があるときは、集中力も大幅にアップするというのは、最新の脳科学でも証明されています。

同時にチーム意識も高まるといいますから、チームとして何かを成し遂げようと考えている私や私のメンバー、それに読者のみなさんにとって、大いに参照できるものだと思います。

少しだけ説明を加えると、こうした最大限のパフォーマンスが発揮できるように精神状態を改善していこうという思考は、「マインドフルネス」という名前で世界中に急速に広がっています。教育機関に取り入れたらいじめが減った、などという研究結果もあります。

適度なリラックス状態にあって集中力だけがピンと張り詰められていると、いわば雑念ともいうべきネガティブな発想や表現は、頭の中から自然とキレイに追い出されてしまいます。冷静な観察眼も研ぎ澄まされるので、先に見たシミュレートの場面でも効果を見せてくれることでしょう。

チームで成長していこうというとき、メンバー全員がこのような精神状態にあれば、これほど心強いこともありません。

具体的なマインドフルネスの方法は専門書に譲りますが、私は、これからのリーダーは、「マインドフルネス」をもっと研究し、積極的に取り入れていくべきではないか、と考えています。

自分自身のことも、
導け

リーダーこそ「なりたい自分」を意識し続けよう

人生を変えるには、学び続ける姿勢が求められます。

そして、学んだら行動に移すこと。それをルーティンのように習慣化することが大切です。考えたこと全部を行動に移せないとしても、いまの自分にできる最大限の行動をする。

これを積み重ねていけば、人生は着実によい方向へと導かれていきます。よい方向にシフトした人生には、いままで以上に大きなチャンスも訪れます。

そうした可能性を最大にするため、私はメンバーにも学習意欲を高く保ってもらいたいし、そのために自分が学習してきたことをフィードバックします。

私自身が常に、「なりたい自分」を強く意識しています。

なりたい自分とは、「いつか実現したい」というような、一種の理想像といえます。
これは自分がいまいるステージによって、その姿を変えていきます。
それでも根底は同じで、

「人との比較をしない」
「人に影響されない」

この2つのポイントに沿って、自分で考え出します。
そうしてつくり上げた自分自身が理想とする「なりたい自分」になって、楽しく生きて、人生を素晴らしいものにしていきたいと思っています。

育成の対象には「リーダー自身」も含まれる

「育成」という言葉には、「誰かリーダーや先導役が、部下や後進に対して教え導く」というような上下関係を想起させるイメージが強いと思います。そして自分がいて相手がいるというように、最低でも2人は関係してくるイメージです。

しかし「育成」というのは、自分から相手に、相手から自分に、というような人間関係の中にだけあるものではありません。

自己成長、すなわち学習を続けるという姿勢は、「自分で自分を育成する行動」ともいえます。すでに触れたように私は学習を続けることが大好きなので、現在進行形でさまざまなセミナーや研修に率先して参加しています。

それは、「自己成長がチームの成長につながる」という信念があるからです。

リーダーの成長は、メンバーの育成に直結する

私のメンターであるジョン・C・マクスウェルは、

「自分が持っていないものは、人に与えることができない」

「チームは、リーダー自身が持つ以上に高いレベルには行けない」

ということを私に教えてくれましたが、まったくその通りだと実感しています。

私は、「目標を一緒に実現したい」「自分の夢を叶えたい」と考えるメンバーに、自分に可能な範囲でできるだけのサポートをしたいと思っています。

そのサポートには、「先に私が知ることができて、まだメンバーは知らないこと」を伝えることも含まれます。

ですから学習を続けているというのは、2通りの意義を持っています。

ひとつは「自己成長の実現」というテーマの達成。

もうひとつは、「私がメンバーに与えられる何かを増やす」ということです。

また、リーダーの私自身が常にレベルアップしていかないと、私のレベルを超えた夢を追うことができなくなってしまいます。

そんな事態を避けるためにも、私には、チームが次々と実現しては考え出す、新たな目標を設定できる環境を整える使命があります。

ミュージシャンやアイドルのコンサートでいうところの、小さなライブハウスから日本武道館、そして東京ドームを実現したら全国ドームツアーというようなステータスアップの流れ。

これと同じように、可能性の羽根を大きく広げられる舞台を用意するためにも、私の自己成長が求められているのです。

チームが爆発的に成長する3つの要素

メンバーを育成するとき、リーダーはメンバーに対して、「自分と一緒に成長していってほしい」という思いを強く持っていることが大事です。

これはチーム内における、「共存共栄」を実現することです。

外向きの前に、内部でウィンウィンの関係を築き上げるのです。

そうして強固に団結したチームの総力を、外に向けて発していきます。

チーム全員が成長を続けるというのは、とくに明文化していなくても、チームが結成されれば不文律のようにチームが目指すべき目標になるでしょう。

これはビジネス上の目標とは違い、明確にゴールが設定できるわけではありません。なぜなら、メンバー全員に無限の可能性があるからです。

そのため無限のはるか彼方にゴールが設定された、考えてみれば人生最大級の目標といえるかもしれません。

その目標を目指すモチベーションを保ってくれるのは「熱意」です。

メンバーの成長を願うリーダーの熱意と、成長を続けようというメンバーたちが抱く熱意。

これらが冷めてしまわない限り、チームとして一丸となって成長していこうというモチベーションは確保できますし、それがビジネスや行動面にも、いい影響を与えていくのです。

リーダーであれば、これらに「責任感」が強く求められます。

もちろん、メンバー一人ひとりにも相応の責任は生じますが、それを束ねるリーダーの肩にかかる責任は、とてつもなく大きいものです。

そして、

「共存共栄」

「熱意」

「責任感」

これら3つの要素を掛け合わせると、成長のスピードが格段にアップします。

以上のような考えから私は、先の3つを掛け合わせた空間や雰囲気のなかに「育成」の舞台をセッティングしようと心がけています。

その環境を良好に保つことも、リーダーが果たすべき責任のなかに含まれていると思うのです。

Chapter 7

励まし

encouragement

チームが高め合える仕組みをつくる

「褒めて伸ばす」は本当に正しいのか？

褒めるだけではメンバーは成長しない

教育などの世界でよく、「褒めて才能を伸ばす」ということがいわれます。

褒められて成長するタイプの人物は確かに大勢いますし、これは引っ張る立場で人に接するときの真理なのではないかな、とさえ思います。

しかし、私が本書でたびたび記している成長にとって、「褒める」というのは決して完全無欠なテクニックではありません。

それどころか、リーダーとしてチームを育成しようとした場合、これだけでは完全に不足です。

それはなぜなのか。

「褒める」は相手の長所を指摘することであり、しかも、ただそれだけの意味しかないからです。

指摘された側は、自分の長所を自覚したり再確認したりできるでしょう。

しかし、その先の道のりが用意されていないのです。

長所がわかりました。ここでストップしている状態を、果たして「成長」と呼べるでしょうか？　違いますよね。

長所を知ったうえで、それを活用してワンランク上の自分に変わる。

それこそが「成長」です。

似て非なる存在だった「褒める」と「励ます」

それでは成長に必要な、振りかけてあげるべきスパイスは何でしょうか？

それは、「励ます」ことです。

こちらにも「褒める」と同じく、相手の長所を指摘してあげるという側面が含まれています。

しかし「褒める」と違って続きがあり、「励ます」には、相手に成長してほしいという願いが込められているものなのです。

ですから本当に成長のためになる言葉をかけるとすれば、それは「褒める」ではなく「励ます」であるべきなのです。

相手の心にポジティブな感覚を育むという点で、両者は似ていますが、中身を見れば別物なのです。

「励ます」ことがメンバーに与える好影響とは

「励ます」には、励ます側に成長してほしいという願いが込められていると書きました。

そのために、成長に必要な何かが、「褒める」と違って含まれているということです。

「相手に将来への希望を持たせる」

これが「励ます」ことによって相手に及ぼす大きな影響なのです。

例えば、

「君の営業テクニックで業績が大幅にアップしたよ」

という場合。

これは、相手の「営業テクニック」を褒めているだけで、その結果がどうなったという事実を伝えているだけです。

いわれた側は、「自分の営業テクニックってスゴイんだな」という自信を持つことはできると思います。

しかし、そのスキルや自信を元手に「さらに成長しよう」というモチベーションを十分に育むまでにはいたりません。

そこでたとえば、次のような言葉にするのです。

「君のがんばりのおかげで、会社の未来も明るいよ」

どうでしょう。

「がんばり」の部分を先の例とそろえて「営業テクニック」にしてもかまいません。どちらにしても、「自分が努力した結果が、よりよい未来を引き寄せるんだ」という晴れ晴れとした気持ちが育まれると思いませんか？

それは、「自分という存在がチームのためになっている」という自覚も生みますし、「チームのためにもっとがんばろう」というモチベーションももたらしてくれます。

最初の例で奮起したとしても、そのメンバーが気にかけるのは業績という数字だけに終わると思います。

しかし「励まし」であれば、自分だけで完結する業績という数字だけではなく、チーム全体に貢献しようという、共存共栄の精神が育まれるのです。

その「励まし」の度合いが限界までグレードアップされたなら、それは、「激励」

と呼ぶにふさわしいアクションに進化すると思います。

「励まし」をルール化せよ

私は社内で「励まし」をルールとして習慣化しています。

そのひとつは社内研修です。

毎週月曜の朝9時から30分間、私は朝礼とは別に研修の時間を設けています。

私のスピーチが主体ですが、そこで何を話すかというと、「自分が学習で得た成果のフィードバック」です。

これは何も、私が一歩先を行っていると自慢したいからではありません。

自分が学習によって得た気づきなどは、当然のようにメンバーにも有用だと考えるからです。

そして、「自分も学習で一回り大きくなれた。同じことを学習すれば、一回り大きな自分に変わることができるよ」というような願いを込めた「励まし」として活用しているのです。

目の前に、身近なところに、わかりやすいビフォーアフターがいるようなものです。学習の成果を、より具体的にイメージしやすいのはいうまでもないでしょう。

その意味で私は、自分という存在を「励まし」のツールにしてしまっているのかもしれません。

成長を続けるリーダーの背中は、無言の激励になる

私の会社には、失敗をするたびに自己嫌悪に陥ることを繰り返していた、河原健志朗さんという男性メンバーがいます。

彼は私がスピーチするセミナーに参加して、私の姿を見て、「こうなりたい！」と思ったのだそうです。そして前職を辞めて、私の会社に入ってきました。

自分自身を変えたいと強く願っていた河原さんは、「自己愛」を徹底的に育むことに熱心に取り組んでいました。私のようになりたいと考えているので、私が自己成長のために参加しているセミナーにも顔を出すようになります。

そして、

「サイドブレーキをかけながらアクセルを踏んで走っていたけど、サイドブレーキを解除したら、こんなにも世界が違って見えて、自分には大きな可能性があるんだと自信が持てた」

といいます。私が何か特別な「励まし」をした記憶もないのですが、**彼は日ごろ見せる私の態度や言動、社内研修での私の発言などといったものを、自ら「励まし」として受け止めていたようです。**

これは、自分がしてきたことに間違いはなかったと再確認できる機会をもらったのも同然です。ありがたくもあり、とてもうれしいことでもあります。さらに成長したいという思いも沸き起こります。その意味では、河原さんから私への態度で示した「励まし」だと、いえると思います。

「激励担当者」を設ける

私の会社には、外から見ればユニークな試みだな、と感心してもらえる自信がある、とっておきのシステムがあります。

それは、「激励担当者制度」です。

私の会社には常時、持ち回り制で「激励担当者」に任命されるメンバーがいます。

彼らには通常業務とは別に、1営業日につき2人のメンバーに向けて、自分で考えたオリジナルの激励メッセージを作成してもらい、LINEで送信してもらいます。

メッセージの内容や文体などに制約はありません。

ポエム要素満載の「激励」をするメンバーもいれば、格言などを駆使して「激励」するのが得意というようなメンバーもいて、その個性の違いが観察できるのも楽しみのひとつです。毎回異なるメンバーに送り、21日間送り終わったら交代です。

業務の一環として一定の期間、「激励」が加わるということです。

このシステムの意図は、「激励することを習慣化させる」ところにあります。

そして、担当者による「激励」の発信と対をなして、1日に2名の「激励受信者」が生まれます。

これは「激励」することに慣れ親しんでもらえるのと同時に、「激励」されたら心にどのような変化が生じるのかを、身をもって理解できるシステムです。

こうして、励まし励まされる好循環が自然と生まれます。

こうなるとポジティブ発想も自然と習慣化されていきます。日々の「激励」の積み重ねが、いつの間にかチームの総合力を格段にアップさせてしまうのです。

なぜこのシステムを取り入れたかというと、マクスウェルが説いている、

「人間は、自分を信じて励ましてくれる人物と親しくなりたいと思う」

という言葉を効率的に形にしてみたいと考えたからです。
チームのメンバー同士ですから、基本的には信頼関係が構築されています。
その信頼している人物から「激励」が届くのです。
すると、お互いの心理的な距離は、ますます近づきます。
そうして信頼関係がますます強化されます。
こちらの意味でも、このシステムは好循環をもたらしてくれるのです。

縁の下の力持ちに対する「激励」の具体例

「激励」するためには、そのキッカケとなる材料が必要です。

営業部門など数字などで成果がわかりやすく把握できる場合は、それを活用して「激励」することも可能ですが、なかには数字などで推し計れない業務もありますし、何を材料として「激励」すればいいのか、判断に悩むケースもあるでしょう。

そこで私は外部を活用します。

全部のケースに当てはまる手法ではないかもしれませんが、ヒントとして有益だと思うので、ここで紹介します。

私が定期的に、メンバー個人が最重要視しているアイデンティティを把握しておいての面談をしていることは、すでに触れました。

このとき、結果が数字に出にくい事務方部門のメンバーに、私はどのような「激励」をしているのか。

クライアントなど、外部の声をフィードバックするようにしているのです。

たとえば、

「○○さんがあなたの対応は親切だと褒めていたよ。私もそれを聞かされて誇らしか

ったし、会社のイメージもよくなっていくと思う」

などと、客観データを提示しながら「激励」するのです。

ここでも重要なのは「褒める」に留めないことで、先に提示した文言の中の、前半部分は「褒める」に該当し、後半部分が「励まし」に相当します。

これを応用すれば、

「丁寧なレジ打ちと穏やかな口調にお客様からお褒めをいただいたよ。店の評判が上がって客足が伸びるかもしれないね」

「質問したらわかりやすく親切に教えてくれたと、感謝の電話がカスタマーセンターにあったみたい。あなたのおかげで当社のファンが1人増えたね」

などのようなTPOに合わせた「激励」を、自分のポジションに応じてつくり出すことができるはずです。

「激励」で感情を
動かせ

私が「激励」にこだわる理由

私がここまで「激励」にこだわるのは、自分の会社が小規模なベンチャーだということも無関係ではないと思います。

少ないメンバー全員が一丸となって前進する必要性が、大企業よりも大きいと考えているためです。

大企業であれば、一部のスタープレイヤーだけを称賛したり優遇したりすることによって、全社的に「負けてたまるか」という競争心を煽ることも可能かもしれません。しかし私の会社で同じことをすれば、すぐにチームがバラバラになってしまうでしょう。

どのメンバーが、どのような行動をして、どのような成果を挙げているか。小規模ゆえに比較的筒抜けだから、ことさら目立つメンバーを取り上げて称賛や優遇をする必要もないのです。

手を差し伸べる対象を「感情」にする

こうした私の態度は、いわば「感情に手を差し伸べるシステム」といえます。

そのルーツは、ハイパーレスキュー隊員だったことにあると考えています。できる限り多くの人々に救いの手を差し伸べるのが、ハイパーレスキューの仕事ですから、「手を差し伸べる」というアクションに、もともと親しんでいたところがあります。

それに学習の成果を重ね合わせたら、手を差し伸べる相手が、より本質的になっていき、最終的に「感情」になっていたのです。

「目標」は願望ではありません。必ず達成すべきものです。

達成の日がくるまでモチベーションを維持し、チームの輪を強固に保ち続けるというのは、実際問題として精神力が要求されます。

その精神力を補給してくれる存在が、感情です。

人間は感情で動きます。

感情を動かされたときに人間は動くのです。

その感情に基づいて動機付けがされていれば、その動機はモチベーションを維持するエンジンとなってくれます。感情によって結びついたチームの結束力は、強固な状態をより長く保つことができます。

そのため、感情に働きかけて心ごとメンバーを動かす「激励」は、チームに欠かせないのです。

「がんばれば未来は明るい」という言葉。

「明るい未来づくりのためのサポートをする」という激励。

私がメンバーに投げかけようとしているのは、こうしたポジティブ発想を健やかに育んでくれそうな内容です。

すると、メンバーからも私に対して「激励」が返ってくるのです。

つまり、「激励」には「激励」が返ってきて、私はますます幸せな気分になれるというわけです。

このチームでよかった。このメンバーでよかった。このようなことを心の奥から感じて、現状に対する大きな感謝の気持ちが沸き起こるのです。

Epilogue

「言葉」こそが、人生を変える

最後までお読みいただき、ありがとうございました。

私が経験してきたことをもとに、どうすれば言葉を使って自分やチームが熱狂に至るのかを書いてきましたが、いかがだったでしょうか。

私はさまざまな出会いによって、人生を大きく動かされてきました。

なかでも師匠といえるスチュアート・ダイアモンドやジョン・C・マクスウェルとの邂逅は、私の人生の扉を異次元の彼方に向かって開いてくれました。

そんな彼らとの出会いもそうですが、彼らが発する言葉にこそ、私を突き動かしたエネルギーの本質があったのではないか。そんなことも感じるようになっています。

私は、たったひとりの人、たったひとつの言葉で人生は変わると思っています。

常に、

「自分は何がしたいか」

「自分は何ができるか」

「自分は何をすべきか」

ということを自問自答しながら生きていますが、そうした内省的な行動にも、必ず言葉はついて回ります。

人間は生きていると、どうしても言葉と密接な関係になるものなのです。

その言葉によって、自分を活かすも殺すも自由なのですから、使い方を誤れば凶器にもなりかねないのが言葉です。

あまりにも身近過ぎて言葉という存在を空気のように軽んじてしまいがちですが、言葉に対する認識をもう少し踏み込んだものにしていく必要があると、執筆を通して改めて気づかされました。

本書では、私が実際に発したことがある言葉、私が周囲から聞いたことがある言葉、そして私の周辺で世に出たことがあるさまざまな言葉を紹介しながら書き進めました。

そこで感じたのは、言葉に対する感謝、そして言葉が秘めている、まだまだ知られていない潜在能力の巨大さです。

そして、その言葉によってよりよい人生を活かされているのだ、ということも感じて、つくづく言葉に対して「ありがとう」をいうしかできないなと思ったのです。

本書は中盤以降、読者のみなさんがリーダーだったら、という前提で書き進めた内容が増えていますが、だからといってリーダー向けに執筆したというわけではありません。

たまたま私が社長という立場にいる関係上、自分の経験を交えるとなると、どうしてもその方面に紙幅を費やさなければならなかっただけです。

ですから立場の違いを超えて、本書のエッセンスをヒントに、よりよい言葉との付き合い方を汲み取っていただけたのであれば幸いです。

本書を読了されたみなさんの言葉の世界が、洗練され広がりを見せて、ますます明るい未来へとポジティブに前進することを、心より願っています。

豊福公平

【謝辞】

最後になりますが、多くの方とのご縁で素晴らしい時間を過ごせていることに、感謝の気持ちをお伝えしたいと思います。

坂井保之さん、奥村健志さん、高橋裕介さん、高村雄次郎さん、西出滋さん、細田俊行さん、秋山峰一さん、半田明夫さん、永田裕一さん、外所晋さん、森本貴子さん、武田克己さん、溝手一平さん、森容明さん、駒崎正光さん、瀧川博一さん、石橋孝浩さん、八尋淳雄さん、山崎寿さん、早坂朋恵さん、鈴木幸子さん、小林潤治さん、大宅義範さん、山本卓也さん、藤田泰亮さん、北島知樹さん、加藤誠之さん、野地正将さん、清水裕一朗さん、菅沼修さん、いつも本当にありがとうございます。

全国のギフトメンバーへ。私がどのような状況であっても想ってくれたこと、心から感謝しています。この場を借りてお礼を言います。本当に、本当に、ありがとうございます。過去も現在も、ギフトに関わったすべての方々に心から感謝します。これから全国のギフトメンバーと一緒に、明るく、そして成長できるセカンドステージをつくっていきましょう。

また、株式会社Birth47の高橋宏幸会長からは、一生忘れない気持ちを頂きました。ありがとうございます。

多くの方にお礼をお伝えしたいのですが、なかでも有川一三さん、稲村徹也さん、藤山大樹さん、佐藤文了哉さんに心からの感謝をお伝えします。

今回の出版では、きずな出版の小寺裕樹編集長、烏丸千さんのご協力のもと、一つひとつ丁寧に進めていただきました。お二人のプロフェッショナルのおかげで実現できたことに、最大の敬意を。

最後に私の子どもたちへ、元気に育ってくれてありがとう。これからも応援しているよ。
妻へ、いつもサポートしてくれてありがとう。これからも元気にがんばります。

豊福公平

著者プロフィール

豊福公平（とよふく・こうへい）

プルデンシャル生命保険出身の元ライフプランナー。

2005年にハイパーレスキュー隊員（公務員）からライフプランナーに転職。

プルデンシャル生命時代には入社以来毎年、社長杯入賞、MDRTも毎年入会。

新規のお客さまの世帯数は毎年100世帯を超えるトップセールスマンにまで成長することができた。

現在、Gift Your Life株式会社代表取締役社長。

プロフェッショナルのメンバーを数多く率いるリーダーである。

著書に『たった20秒ではじめて会うお客さまの心をつかむ技術』（KADOKAWA）、『すごい交渉術』（SBクリエイティブ）、『ジョン・C・マクスウェル式 感情で人を動かす』『達成する力』（きずな出版）がある。

言葉が人を「熱狂」させる
―自分とチームを動かす"ひと言"の力

2018年6月1日　第1刷発行
2018年6月15日　第2刷発行

著　者　　豊福公平

発行人　　櫻井秀勲
発行所　　きずな出版
東京都新宿区白銀町1-13　〒162-0816
電話03-3260-0391　振替00160-2-633551
http://www.kizuna-pub.jp/

印刷・製本　モリモト印刷

ISBN978-4-86663-037-3

きずな出版

豊福公平の好評既刊

※表示価格は税別です

ジョン・C・マクスウェル式

感情で人を動かす

世界一のメンターから学んだこと

成果や数字のみに着目するのではなく、人の「感情」を重視したリーダーシップ。それがマクスウェル式のリーダーシップなのです——。リーダーシップ論の最高権威であるジョン・C・マクスウェルから、直接指導を受ける著者が、日本のビジネスの現場で実践しているマネジメント手法を凝縮した一冊！

本体価格 1400 円

達成する力

世界一のメンターから学んだ「目標必達」の方法

目標達成には優れたやり方があり、達成すべき目標があれば、人生は加速する。著者が「世界一のメンター」と讃えられるジョン・C・マクスウェルから学んだ、「世界最高峰の目標達成法」を凝縮したのが本書。「アイデンティティの法則」「達成ノート」など、いますぐ実践できる具体的な方法を豊富に収録！

本体価格 1400 円

書籍の感想、著者へのメッセージは以下のアドレスにお寄せください

E-mail：39@kizuna-pub.jp

きずな出版

http://www.kizuna-pub.jp

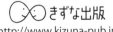